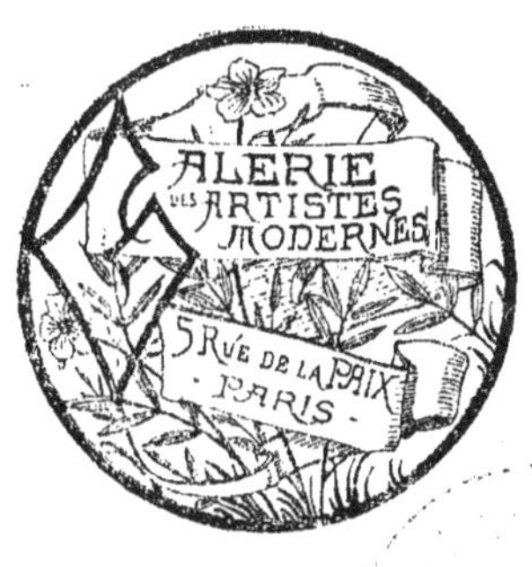

PAYSAGES

PAR

PLASSAN

Vente du 4 Décembre 1885.

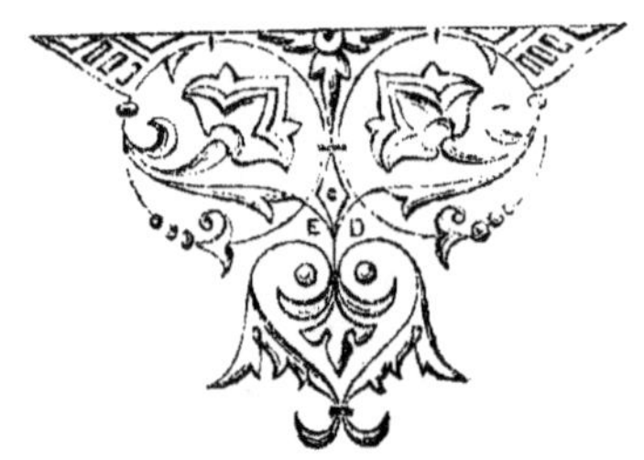

CATALOGUE

CONDITIONS DE LA VENTE

La vente sera faite au comptant.

Les acquéreurs payeront cinq pour cent en sus des enchères, applicables aux frais.

Imprimerie Alcan-Lévy, 18, passage des Deux-Sœurs

CATALOGUE

DES

PAYSAGES

PAR

PLASSAN

DONT LA VENTE AURA LIEU

HOTEL DROUOT

Salle N° 3

LE VENDREDI 4 DÉCEMBRE 1885

A 2 heures 1/2

COMMISSAIRE-PRISEUR

Mᵉ HENRI LECHAT, 6, rue Baudin

EXPERT

M. JULES CHAINE, 5, rue de la Paix

Chez lesquels on délivre le Catalogue

EXPOSITIONS

PARTICULIÈRE	*PUBLIQUE*
5, RUE DE LA PAIX	**Hotel Drouot, salle 3**
Galerie des Artistes Modernes	Le jeudi 3 décembre 1885
du dimanche 29 novembre	de 1 h. à 5 1/2
au mercredi 2 déc. inclus, de 10 à 6 h.	

PAYSCAGES

PAR

PLASSAN

DÉSIGNATION

1. Etang de Trivaux, *Bois de Clamart*.

2. Port-Marly.

3. Quai de Bougival.

10. Vue de Sablé; *Sarthe*.

11. La Seine a Bougival.

12. A Solème; *Sarthe*.

13. Quai du Bas-Meudon.

14. Etang de Trivaux, a Clamart.

15. A Nogent-sur-Marne.

34. Un Moulin a Quimperlé.

35. Soleil couchant, en novembre.

36. Pont de Sablé; *Sarthe*.

37. L'Oise au Valhermay.

38. La Seine a Andresy.

39. La Sarthe a Sablé.

40. Faubourg de Quimperlé.

41. Abbaye de Solème.

42. Un Matin.

43. Fabriques sur la rivière Ellé; *Finistère*.

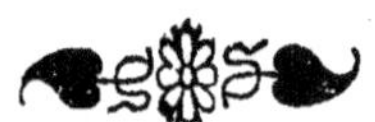